Christina Grohe

Query by Humming

Die akustische Musiksuche im Internet

GRIN Verlag

Bibliografische Information der Deutschen Nationalbibliothek:

Die Deutsche Bibliothek verzeichnet diese Publikation in der Deutschen National-
bibliografie; detaillierte bibliografische Daten sind im Internet über http://dnb.d-
nb.de/ abrufbar.

Impressum:

Copyright © 2007 GRIN Verlag GmbH
Druck und Bindung: Books on Demand GmbH, Norderstedt Germany
ISBN: 978-3-640-66860-1

Dieses Buch bei GRIN:

http://www.grin.com/de/e-book/154114/query-by-humming

KATHOLISCHE UNIVERSITÄT

EICHSTÄTT INGOLSTADT

Katholische Universität Eichstätt-Ingolstadt

Wirtschaftswissenschaftliche Fakultät

Lehrstuhl für ABWL und Wirtschaftsinformatik

Seminararbeit im Sommersemester 2007:

Query by Humming

eingereicht von

Christina Grohe

Abgabetermin: 20.06.2007

Inhaltsverzeichnis

Abkürzungsverzeichnis

GUI.................................. Graphical User Interface

MIR.................................. Music Information Retrieval

QbH.................................. Query by Humming

Abbildungsverzeichnis

1 Einleitung

1.1 Problemstellung und Zielsetzung

„Digitale Musik liegt im Trend: Heute sind es bereits rund 22% der deutschsprachigen. Internet-Nutzer, die häufig Musik per Datei hören (…). Die meisten Musikdatei-Nutzer gelangen nach eigenen Angaben auf legalem Wege an ihre digitalen Musikstücke, vor allem durch eigene Musik-CDs und CDs von Freunden, aber auch durch den Online-Kauf kostenpflichtiger Musikstücke" (http://www.fittkaumaass.com/download/W3B19_Musik.pdf).

Doch wie findet man die richtige Musikdatei oder CD?

Man unterscheidet hierzu zwischen drei verschiedenen Anfragesystemen. Folgende Darstellung lehnt sich dabei an Batke (2006, S37 ff.) an.

Sollte der Nutzer musikalisch versiert sein, so ist es möglich eine Suchanfrage mittels Noteneingabe durchzuführen. Da dieses Verfahren jedoch nicht für den Laien geeignet ist, müssen weitere Ansätze der Musiksuche herangezogen werden.

Eine weitere Möglichkeit bietet hierbei die text basierende Suche. Durch Angaben zum Interpreten, Titel, Text oder Genre ist es möglich ein Musikstück zu beschreiben und befriedigende Suchergebnisse zu erzielen.

Jedoch wie verhält es sich, wenn der Nutzer nicht in der Lage ist Angaben zum Interpreten, Titel, Text oder Genre zu machen? Was ist wenn alles an was sich der Suchende erinnert ein kleiner Teil der Melodie des gesuchten Liedes ist?

Volltextsuchen in Suchmaschinen wie Google und Yahoo bieten im Zeitalter multimedialer Daten oft nur unzureichende Möglichkeiten, da diese vornehmlich für die inhaltsbasierte Suche in Textdokumenten entworfen wurden (Schmitt I. 2006,S.2). So ist es hier nicht möglich nach bloßen Melodiesequenzen zu suchen. Ebenso reagieren Radiostationen und Fachangestellte in Musikgeschäften häufig ratlos auf Kunden welche Ihnen lediglich einen für Sie subjektiv prägnanten Teil der Melodie summen können (Niesing, 2003).

Die einfachste Lösung wäre somit die Möglichkeit einer akustischen Anfrage, d.h. einer Musikdatenbank, deren Suchfunktion auf der Eingabe der Melodie beruht.

Seit den 90er Jahren, angefangen mit Ghias et al. (1995) beschäftigen sich zahlreiche wissenschaftliche Arbeiten mit der optimalen Ausgestaltung solcher Query by Humming Systeme.

Aufgabe dieser Seminararbeit soll es sein, die Architektur und Funktionsweise eines Query by Humming Systems (QbH-System) herauszustellen wie sie in der Mehrheit der verwendeten Quellen Anwendung finden. Zudem soll auf die zukünftigen Anwendungsmöglichkeiten näher eingegangen werden. Als problematisch erweist sich hierbei, dass jedem QbH-System andere Algorithmen zu Grunde liegen.. Somit ist eine allgemeingültige Formulierung der zugrunde liegenden statistischen Verfahren schwierig und soll deshalb in der vorliegenden Arbeit vernachlässigt werden.

Ziel ist es somit ein grundlegendes Verständnis für die Sinnhaftigkeit von akustischen Anfragen und somit Query by Humming Systemen zu schaffen.

1.2 Aufbau der Arbeit

Kapitel 2 der vorliegenden Arbeit wird sich mit den Grundlagen zu QbH Systemen beschäftigen. Hierzu zählen die Einordnung dieser Systeme in den Gesamtkontext der Music Information Retrieval (MIR) Systeme, Grundarchitektur eines QbH Systems und zukünftige Anwendungsmöglichkeiten. Im Anschluss daran werden in Kapitel 3 die in Kapitel 2 erlangten theoretischen Kenntnisse praktisch verdeutlicht anhand des QbH-Systems auf www.musicline.de. Dieser Abschnitt ist in vier Unterbereiche eingeteilt: Hintergrund, Fehlerquellen, Funktionsweise und Evaluation. Abschließend werden in einem Fazit die Haupterkenntnisse dieser Seminararbeit zusammengefasst.

2 Grundlagen

In den folgenden Abschnitten wird nun auf einige theoretische Grundlagen eingegangen. Zunächst wird Query by Humming als ein System des Music Information Retrieval näher erläutert. Im Anschluss wird die Grundarchitektur eines QbH-Systems näher betrachtet. Hierauf aufbauend soll ein kurzer Überblick über die zukünftigen Einsatzmöglichkeiten gegeben werden.

2.1 Query by humming- ein Music Information Retrieval System

Query by humming (QbH) bedeutet Anfragen durch Summen.

„Ein QbH-System ist ein Erkennungssystem für Melodien bei dem die Anfrage nach Musiktiteln durch das Vorsingen oder Summen erfolgt. Der Anfragende summt, pfeift oder singt die gesuchte Melodie ins Mikrofon und das QbH-System ermittelt durch Abgleich mit gespeicherten Melodien das gesuchte Musikstück (www.it-wissen.de, o.J.)

Sinnvoll ist dies vor allem dann, wenn weder Interpret noch Titel eines gesucht Musikstücks bekannt sind. Systematisch ist dieses der wissenschaftlichen Teildisziplin des Musik Information Retrieval zuzuordnen (Batke et al.: 2004, S.2).

Als Musik Information Retrieval kurz MIR bezeichnet man dabei das interdisziplinäres Forschungsgebiet zwischen Computer- und Musikwissenschaft welches dank dem Wachstum des Internet und dem Etablieren zahlreicher digitaler Formate wie bspw. MP3 oder M4U mehr und mehr Aufmerksamkeit erlangt. Ziel ist es dabei Methoden für einen schnellen und effizienten Zugriff auf die ansteigende Zahl an Musikstücken auf dem Markt zu entwickeln (www.dfki.uni-kl.de).

Wie bereits in der Einleitung dargestellt gibt es mehrere Möglichkeiten der Melodiensuche. Im Gegensatz zu herkömmlichen Volltextsuchen arbeiten viele MIR Systeme content-based d.h es handelt sich nicht um eine reine Abfrage von Metadaten wie z.B. Titel oder Interpret sondern auch inhaltliche Musikdaten wie z.B. Noten, Melodie oder Klangfarbe (Futrelle, Downie, 2003, S.122). Auch QbH-Systeme arbeiten somit content-based d.h. inhaltsbezogen.

Folgende Übersicht stellt die unterschiedlichen Aufgabengebiete eines MIR Systems heraus und lässt klar erkennen, dass das primäre Ziel eines QbH Systems in der Identifikation von Musikstücken liegt, auch ohne dass der Anwender, zumeist ein privater Konsument- nähere Aussagen zu Titel, Interpret, Notenabfolge oder Textzeile treffen kann (Typke et al.p 2005).

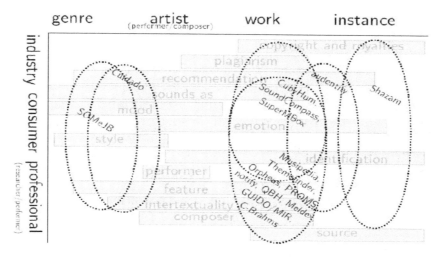

Abbildung 1: MIR Systeme in Abhängigkeit der Aufgaben eines Abfragesystems
(Quelle: Typke et al. 2005, S.6)

Zudem ist deutlich zu erkennen, dass QbH-Systeme darauf ausgelegt sind, primär durch Privatkunden genutzt zu werden. Eine genaue Auflistung möglicher Einsatzgebiete erfolgt am Ende des Kapitels 2.

Im Folgenden soll nun die Architektur eines QbH-Systems dargestellt werden um in einem nächsten Schritt auf die einzelnen Komponenten näher einzugehen.

2.2   Architektur eines QbH Systems

Der detaillierte Aufbau eines QbH Systems hängt stark mit denen zur Transkription und Ähnlichkeitsanalyse verwendeten Algorithmen zusammen. Die Grundlegende Struktur eines QbH Systems jedoch lässt sich zumeist durch in folgender Graphik gezeigten Aufbau beschreiben.

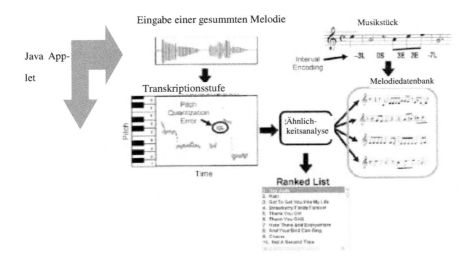

Abbildung 2: Grundarchitektur eines QbH-Systems
Verändert übernommen aus (Quelle: Birmingham et al. 2006, S.50)

Grundlegendes Element eines QbH-Systems ist zunächst die *Eingabe einer gesungenen oder gesummten Melodiesequenz*. Hierbei ist es zunächst nötig eine Soundkarte mit Mikrofoneingang zu besitzen sowie ein angeschlossenes Mikrofon.

In einem nächsten Schritt wird diese digitalisierte Schallwellenform häufig in Form eines WAV Files durch ein Java Applet entpackt und der Transkriptionsstufe zugeführt (Batke 2006, Heinz 2004).

Im Rahmen der *Transkriptionsphase* soll im Folgenden zur Vereinfachung nur die Monophone Transkription betrachtet werden. Hierbei wird die Melodiesequenz so segmentiert, dass es möglich ist, die in ihr enthaltene Information mit den ebenfalls transkribierten Daten aus der Melodiedatenbank zu vergleichen. Hierzu wird die gesummte Anfrage in eine symbolische Darstellung eine sog. Melody contour überführt (Batke et al. 2004, S.2). Wesentliche Bestandteile der Transkription sind dabei Tonhöhenerkennung (pitch tracking) und Rhytmuserkennung.

Die geläufigsten Darstellungsformen sind der Parson Code und in neueren Darstellungen die MPEG-7 Contour. Der Parson Code welcher bereits in Ghias et al. 1995 angewandt.

Eine Unterteilung der Tonhöhen erfolgt hierbei über drei Werte:

- Die Notenhöhe in der Sequenz ist höher als die vorangegangene > up (U)

- Die Notenhöhe in der Sequenz ist niedriger als die vorangegangene> down (D)

- Die Notenhöhe in der Sequenz ist gleich der vorangegangene> same (S)

Hieraus ergibt sich dann eine Melody Contour die sich aus U, P und S zusammensetzt und so die gesummte Anfrage codiert wiedergibt, wie in folgender Abbildung beispielhaft dargestellt.

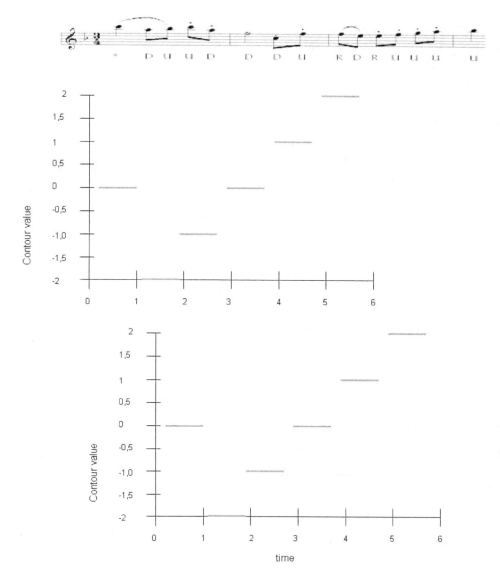

Abbildung 4: Melodic Contour intervals defined for 5 step representation
(Quelle: Batke et al. 2004)

Es wird also zwischen fünf Contour Werten in der Skala von „-2" und „2" unterschieden. Die gesummte Melodiesequenz wird dabei im Rahmen komplexer statistischer Verfahren in einzelne Noten unterteilt abhängig von der gemessenen Frequenz. Über den Zeitbezug wird die Dauer der Note dargestellt und somit wird Information zum Rhythmus in diesem System implementiert, da so genau ersichtlich ist, wann sich der Contourverlauf ändert.

Die *Melodiedatenbank* enthält eine bestimmte Anzahl von Titeln, die ebenfalls einer symbolischen Transkription unterzogen wurden und nun ihrerseits ebenfalls in einer Melody Contour codiert vorliegen. Im Gegensatz zum Input, d.h. der gesummten Melodie handelt es sich bei den meisten Musikstücken jedoch um polyphone Signale. Begründet werden kann dies dadurch, dass Musikstücke häufig in mehre Stimmen untergliedert sind. Wenn man nun von der hier behandelten monophonen Transkription ausgeht so ist es notwendig vor der Transkription die melodieführende Stimme auszuwählen um eine symbolische Darstellung zu ermöglichen. Da diese Extraktion am einfachsten mit MIDI Dateien funktioniert basieren die meisten heute verwendeten Datenbanken auf diesem Format (Batke 2006, S.3).

Im Rahmen einer *Ähnlichkeitsanalyse* wird dann die soeben generierte Melody Contour mit in einer Melodiedatenbank gespeicherten, ebenfalls bereits zu Melody Contourn transkribierten Musikstücken verglichen. Dies geschieht wiederum unter der Anwendung verschiedenster Algorithmen je nach Systemarchitektur. Zumeist werden hierzu die Abstände zwischen der Melody Contour der eingespielten Musiksequenz und der gespeicherten Melody Contouren der Datenbank gemessen. In der heutigen Zeit finden hierzu vor allem Konzepte der Dynamischen Programmierung Anwendung welches allerdings an dieser Stelle aus Komplexitätsgründen nicht näher erläutert werden soll. Tiefer greifende Ausführungen hierzu liefern Batke (2006, S.129ff) und Heinz (2006, 109ff).

In einem letzten Schritt werden dann die Metadaten der gespeicherten Melody Contour, die der eingesummten Melodiesequenz am ähnlichsten sind werden dann mittels einer *Rangliste* dem Nutzer dargestellt (Batke 2004, Heinz 2004).

Im Anschluss soll nun dargelegt werden welche potentiellen Einsatzszenarien für die Implementierung eines QbH-Systems denkbar sind.

2.3   Zukünftige Einsatzmöglichkeiten von Query by Humming Systemen

In Anlehnung an das Fraunhofer Institut (www.frauenhofer.de) sind für Query by Humming Systeme drei Potentielle Einsatzbereiche denkbar:

- Stand-alone System
- Mobile Anwendung
- Internet Anwendung

Im Rahmen von Stand- alone System erfolgt die komplette Verarbeitung der Melodiesequenz auf einem Rechner. Denkbare Einsatzgebiete wären somit der Einsatz in Musikfachgeschäften um Kunden die lediglich Angaben zur Melodie der gewünschten CD machen können einen Kauf zu ermöglichen. Des Weiteren ist auch eine Verwendung des Systems im heimischen Bereich erwägenswert. So ist hier beispielsweise das von Pauws (2002) entwickelte QbH System Cuby hum zu nennen. Dieses wurde nach der Entwicklung in eine Musik Jukebox implementiert und eröffnet den Nutzern allerlei neue Funktionen. So ist schnellere Navigation in Playlisten möglich, da diese durch Sprach- bzw. Melodieeingabe gesteuert werden können.

Schließlich ist auch eine mobile Anwendung vorstellbar. So etablierte beispielsweise der Mobilfunkanbieter O2 (www.o2online.de) das Angebot O2 Music Spy&Buy in seinem Leistungsspektrum. Durch Anwahl des Dienstes wird mittels eines Voice Only User Interfaces die entsprechende Melodieeingabe aufgezeichnet. Diese Melodiesequenz wird transkribiert und mit gespeicherten Titeln einer Musikdatenbank verglichen. Das Ergebnis wird dann dem Kunden via SMS zugesandt. Durch einen mitgelieferten Link hat der Kunde zudem die Möglichkeit das Lied im O2 Handy Music Shop kostenfrei probe zu hören, das Suchergebnis zu speichern und wenn gewünscht den Titel käuflich zu erwerben (http://music.o2online.de/howToSpyAndBuy.do).

Ein generelles theoretisches Konzept hierfür wird von Sorsa und Halonen (2002) beschrieben. Folgende Graphik verdeutlicht hierbei die Funktionsweise.

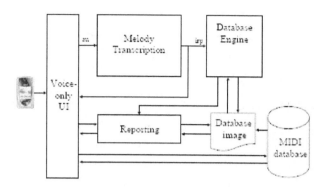

Abbildung 5: Übersicht eines Melodie Erkennungs- Systems mit einem voice-only user interface (Quelle: Sorsa/Halonen 2002, S.1)

Der User greift mit seinem Mobiltelefon auf das Voice-Only User Interface zu und spielt somit die Melodiesequenz ein. Diese wird dann transkribiert und mit einer Melodiedatenbank verglichen. Im Anschluss daran wird das Ergebnis graphisch aufbereitet und dem User via SMS zugesandt.

Zusätzlich ist eine Integration von QbH Systemen auf Internetplattformen möglich. Internetdienste wie das im folgenden Kapitel 3 vorgestellte System auf www.musicline.de ermöglichen dem Nutzer einen anonym, schnellen und effektiven Zugriff auf Musik Informationen. So ist es möglich über die im Ergebnis angezeigten Interpreten und Titel weitere Informationen einzuholen, Fanseiten zu besuchen oder das Musikstück zu kaufen.

Wie dargestellt wurde gibt es zahlreiche Möglichkeiten QbH-Systeme in der Praxis einzusetzen. Im Folgenden Kapitel soll nun die Musikplattform Musicline vorgestellt und das dort verankerte QbH-System erläutert sowie evaluiert werden.

3   Query by Humming in der Praxis – Musicline.de

Im Folgenden sollen nun die im Kapitel 2 gewonnen Erkenntnisse anhand eines praktischen Beispiels näher erläutert werden. Nahezu alle Informationen stammen aus veröffentlichten Artikeln des Fraunhofer Instituts für Digitale Medientechnologie IDMT. Zunächst wird der Hintergrund der Plattform www.musicline.de näher erläutert. Anschließend wird überblicksartig dargestellt, welche Fehlerquellen bei der Konstruktion eines QbH-Systems beachtet werden müssen. Hierauf aufbauend sollen Architektur und Funktionsweise des Systems auf Musicline.de näher erläutert werden. Abschließend soll diese Umsetzung eins QbH-.Systems evaluiert werden und Ansätze für Verbesserungspotentiale aufgezeigt werden.

3.1 Hintergrund

Das QbH-System auf www.musicline.de ist ein am 01.08.2003 online gegangenes Angebot der Hamburger PhonoNet GmbH, welches Forscher des Fraunhofer Instituts für Digitale Medientechnologie IDMT entwickelt haben.

Musicline.de ist mit einer Musikdatenbank von mehr als 2 Mio. Liedern eine der größten Musikplattformen im deutschen Netz.

Ausschlaggebend für die Entwicklung des Systems war die Idee einer Melodiesuchmaschine, die unabhängig von einer Namenseingabe zu Interpret oder Titel adäquate Ergebnisse nur anhand eines Summens der Melodie liefert. (Niesing 2003)

Bevor auf die Architektur und Funktionsweise des vorliegenden QbH-Systems eingegangen wird, sollen nun in einem ersten Schritt potentielle Fehlerquellen aufgezeigt werden, die bei der Konstruktion eines QbH-Systems Anwendung finden müssen.

3.2 Zu beachtende Fehlerquellen bei der Konstruktion eines QbH Systems

Die Unfähigfähigkeit des Menschen sich exakt an Melodien zu erinnern und fehlende Gesangspraxis führen zu der Notwendigkeit QbH Systeme möglichst Fehlertolerant zu konzipieren. Besonders bedeutend ist dies insbesondere im Bereich der Ähnlichkeitsanalyse (Bainbridge 1996).

In Anlehnung an Pauws (2002) und Bainbridge (1996) werden im Folgenden die häufigsten Fehlerquellen identifiziert.

Zunächst neigen viele Nutzer dazu, eine beliebige Stelle des Musikstücks zu summen. Dies führt dazu, dass im Rahmen der Ähnlichkeitsanalyse kein allgemeingültiger Startpunkt gewählt werden kann.

Zudem erinnern sich viele Menschen nicht an die exakte Melodieabfolge. Sie singen so beispielsweise zu viele Noten, im falschen Intervall, im falschen Tempo. Hieraus ergibt sich die Notwendigkeit, Korrekturen beim Melodiesequenzabgleich automatisch durch zu führen.

Des Weiteren ist die Tonaufnahme häufig begleitet von Störgeräuschen, so dass die Tonhöhenerkennung (pitch tracking) fehlschlägt. Dies wäre beispielsweise schon durch Dritte, sich unterhaltende Personen im Raum möglich.

Ebenso gibt es Nutzer die nicht in der Lage sind akkurat zu singen, da ihnen die Begabung oder ein professionelles Stimmtraining fehlt. So wurde in der Studie von Pauws (2002) beispielsweise nachgewiesen, dass geübte Sänger mehr Tonintervalle in korrekter Weise und in richtigem Tempo singen können.

Zusätzlich sehen sich Designer der hinter QbH Systemen stehenden Melodiedatenbanken mit der Tatsache konfrontiert, dass zu einem Lied häufig mehrere Versionen existieren. Diese unterscheiden sich zumeist vor allem im Rhythmus und somit ist kein eindeutiges Ergebnis in der Ergebnisliste ausweisbar.

Schließlich wurde in oben genannter Studie festgestellt, dass Melodien mit denen der Nutzer vertraut ist besser nachgesungen werden können als andere. Probleme ergeben sich somit aus der Tatsache, das QbH Systeme vor allem bei Melodien genutzt werden, die dem User erst seit kurzen bekannt sind, beispielsweise aus dem Radio.

Nun nachdem die wichtigsten Fehlerquellen bekannt sind, so nun die Architektur des vorliegenden QbH-Systems beschrieben werden, sowie die damit einhergehende Funktionsweise.

3.3 Architektur und Funktionsweise

Die grundlegende Architektur des hier vorliegenden QbH-Systems wird in folgender Graphik veranschaulicht.

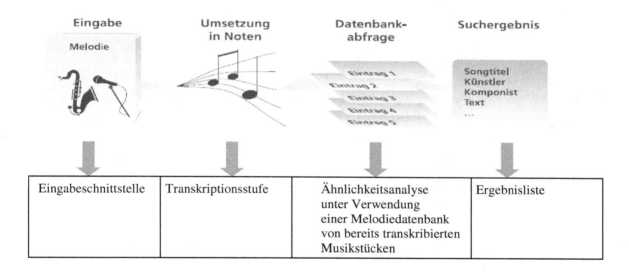

Abbildung 6: QbH Funktionsschema und dahinterliegende Architektur
In Veränderter Form übernommen aus (Quelle: Heinz 2006, S.2)

Wie in der Graphik ersichtlich besteht das hier vorliegende System aus einer denen in Kapitel 2.2. beschriebenen Komponenten Eingabeschnittstelle, Transkriptionsstufe, Melodiedatenbank, Ähnlichkeitsanalyse und einer Ergebnisliste. Aufbauend auf dieser Grundstruktur soll nun die Funktionsweise des QbH-Systems bei Musicline.de beschrieben werden.

Zunächst wird die *Melodie ins Mikrophon gesummt*. Hierfür steht dem Nutzer eine Maximalzeit von 15 Sekunden zur Verfügung. Empfohlen wird hierbei die Melodiesequenz wahlweise auf „la la la" oder „na na na" zu singen, da hierbei die besten Testresultate erzielt wurden.

Das Audiosignal wird durch das Java Runtime Environment aufgenommen und an einen zentralen Server weitergeleitet.

Um das Signal zu *transkribieren* hat das Fraunhofer Institut für Digitale Medientechnologie IDMT ein Verfahren entwickelt, welches die Funktionsweise der Haarzellen der Hörschnecke des menschlichen Ohrs als Grundlage hat. Diese sind dafür verantwortlich das wahrgenommene Signal für jeden Frequenzbereich pro Zelle an das Gehirn weiter zu leiten. Dabei nimmt das Gehirn je nach Anzahl der versandten Neuronenimpulse andere Tonhöhen wahr (Kramer 2004). Die genaue Berechnung im Rahmen eines Algorithmus soll an dieser Stelle nicht weiter ausgeführt werden, da dies den Rahmen dieser Arbeit überschreiten würde. Es sei lediglich erwähnt dass als Ergebnis der Anwendung die einzelnen Tonhöhen genau abgebildet werden können und sich somit eine Melody Contour ergibt. Eine solche ist beispielhaft in folgender Graphik dargestellt.

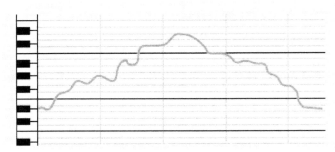

Abbildung 7: Beispiel zur Abbildung der Tonhöhe einer eingespielten Sequenz
(Quelle: Kemper 2004)

Anschließend wird der „Beginn (Onset) und das Ende (Offset) eines Tons mit Hilfe des Schwellenwertes ermittelt. Überschreitet ein Signal diesen Schwellenwert, wird der Anfang eines Tons angenommen. Fällt das Signal unter den Wert endet der Ton. (Kramer,2004)

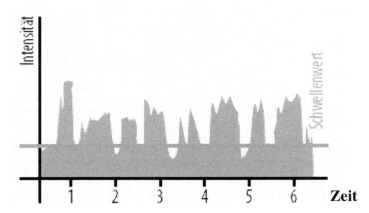

Abbildung 8: Beispiel einer Onset Offset Darstellung im Zeitverlauf
(Quelle: Kemper 2004)

Wie aus obiger Graphik zu ersehen ist wird durch du Onset Offset Darstellung der Zeitbezug der Melody Contour dargestellt und somit der Ton auch in der Dauer charakterisiert.

Je genauer es somit gelingt die Onsets zu lokalisieren, desto besser gelingt es später im Rahmen der Ähnlichkeitsanalyse auch die rhythmischen Eigenschaften der eingespielten Melodiesequenz und der in der Datenbank gespeicherten Melodien zu vergleichen (Heinz 2006, S.77)

Darauf aufbauend wird die Melodiesequenz quantisiert indem auf die auf sie ein musikalisches (temperiertes) Raster angewandt wird und somit die einzelnen Signale den jeweiligen Tasten einer Klavierpartitur angepasst werden. Zudem werden Geschwindigkeits-_. Und Tonhöhenschwankungen zu denen ungeübte Sänger tendieren kompensiert. Von einer zu genauen Quantisierung ist allerdings abzuraten, da die Ähnlichkeitsanalyse sonst keine Ergebnisse mehr liefert, da die Suchanfrage zu spezifisch ist. Zu wenig Quantisierung allerdings würde wiederum dazu führen, dass dem Nutzer zu viele und vor allem irrelevante Ergebnisse angezeigt werden (Kramer, 2004).

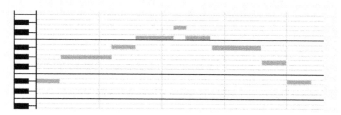

Abbildung 9:Beispiel zur Quantisierung
(Quelle: Kemper 2004)

Mit dem zuletzt beschriebenen Schritt ist der Transkriptionsprozess somit abgeschlossen.

Die QbH Melodiedatenbank von Musicload.de besteht derzeit aus rund 3500 Titeln (www.musicline.de) im MIDI Format, Begründung siehe Kapitel 2.2, welche durch den MPEG-7 Standard zudem mit Metadaten z.B. Produktinformation verlinkt sind. (Niesing, 2003). Vorrangig handelt es sich dabei um Melodien der Genre Klassik, Rock- und Popmusik (Heinz 2006, S.108), da diese die Musikrichtung der Zielgruppe von Musicline.de repräsentieren. Die in der Datenbank vorhandenen Musikstücke liegen bereits in transkribierter Form vor, so dass Sie umgehend zur Ähnlichkeitsanalyse herangezogen werden können.

Im Rahmen der *Ähnlichkeitsanalyse* wird die in der Transkriptionsphase codierte Sequenz mit den in der Melodiedatenbank vorhandenen Daten verglichen. Dabei findet im Rahmen von Musicline.de ein Verfahren der Dynamischen Programmierung Anwendung.

Gemäß Heinz (2006, S.109) kann die Melodie Contour dabei als Suchstring gesehen werden, „deren Alphabet aus der Grundgesamtheit der Noteneinträge der verwendeten Zwölfton-Skala über alle Oktaven besteht." Ein Vergleich erfolgt dann über die sog. String-Distanz (Zeichenkettenabstand) im Rahmen derer die Stärke der Abweichung der in der Melodiedatenbank gespeicherten Melodie von der gesummten Melodiesequenz in der Suchanfrage ermittelt wird. Am größte Ähnlichkeit besteht demzufolge bei den Melodien deren String-Distanz möglichst gering ist (Kramer 2004, S181). Nachfolgende Graphik verdeutlicht dieses Verfahren nochmals graphisch.

String aus Melodiedatenbank

String aus Melodiesequenz

Abbildung 10: Beispiel einer Ähnlichkeitsanalyse durch Messung der String Distanz
Verändert übernommen aus (Quelle: Kemper 2004)

Stimmt nun die Melodie Contour aus der Melodiedatenbank mit der Melodie Contour aus der Suchanfrage überein so wird dies auf der *Ergebnisliste* angezeigt. Zurzeit werden auf Musicline.de dem Nutzer die 10 wahrscheinlichsten Übereinstimmungen angezeigt, d.h. also die 10 Musikstücke deren Melodie Contour zur Melodie Contour der Suchanfrage die geringste Distanz aufweist. So werden dem Nutzer Interpret und Titel genannt, sowie die Ausprägung der Trefferwahrscheinlichkeit in Form eines Balkens angegeben. Möchte der Anwender mehr über das betreffende Ergebnis erfahren, so ist es ihm möglich durch Auswahl des Suchergebnisses Informationen zu Interpret und Titel zu erlangen.

Sobald die Ergebnisliste dem User angezeigt wird, ist der Query by Humming Prozess abgeschlossen.

3.4 GUI – Graphical User Interface auf Musicline.de

„Als GUI bezeichnet man die grafische Benutzeroberfläche, die das Bedienen der Computer erleichtert" (www.it-wissen.de)

Die Benutzeroberfläche des QbH-Systems auf www.musicline.de ist sehr einfach strukturiert.

Folgende Graphik zeigt wie diese auf der Internetpräsenz von Musicline.de implementiert ist.

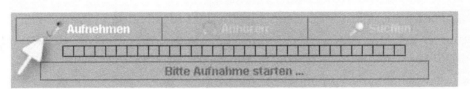

Abbildung 11: GUI auf Musicline.de
(Quelle: www.musicline.de)

Mit dem Aufnehmen Button kann die Aufnahme gestartet werden. Diese kann maximal 30 Sekunden betragen. Die Aufnahme ist beendet sobald entweder nochmals der Aufnehmen Button angeklickt wird, oder die maximale Aufnahmezeit erreicht ist. Während des Recording färbt sich der Balken unterhalb der Felder Aufnehmen, Anhören und Suchen je nach Frequenz der eingespielten Melodie bunt ein. Zudem wird dem User die Restaufnahmezeit angezeigt, wie in folgender Graphik ersichtlich.

Abbildung 12: GUI auf Musicline.de
(Quelle: www.musicline.de)

Nach der Aufnahme hat der Nutzer nochmals die Möglichkeit, sich die von Ihm gesummte Melodiesequenz durch Drücken des Anhören Button wiedergeben zu lassen. Ist er mit der Aufnahme zufrieden so kann die Melodiesequenz an den Server übertragen werden

Eine Übertragung an den Server findet ´durch pressen des Suchen Buttons statt.

Nach einer kurzen Wartezeit erscheint dann die Ergebnisliste mit den 10 der eingespielten Melodiesequenz am ähnlichsten Titeln. Wie in folgender Graphik zu erkennen ist, wird dabei der Interpret angegeben sowie der Titel. Zudem beinhaltet die Ergebnisliste eine Auswertung der Trefferwahrscheinlichkeit in Form eines Balkens.

Gefundene Einträge (10)			
	Songtitel	Künstler	Score
1.	Yellow Submarine	Beatles, The	
2.	Carrie	Metallica	
3.	Hallelujah	Reim, Mathias	
4.	Ain't It Funny	Lopez, Jennifer	
5.	Shake Rattle And Roll	Presley, Elvis	
6.	Bad Case Of Loving You	Palmer, Robert	
7.	Ich Zieh Mich Vor Dir Aus	Etwas	
8.	Der Wilde Wilde Westen	Truck Stop	
9.	Supreme	Williams, Robbie	
10.	Ghosts	Jackson, Michael	

Abbildung 13: Ergebnisliste der Anfrage durch Summen
(Quelle: www.musicline.de)

Der Ähnlichkeitsgrad der Suchanfrage mit der zum Vergleich herangezogenen Melody Contour aus der Melodiedatenbank ist dabei deutlich an der Einfärbung des Balkens zu erkennen. Je höher die Treffwahrscheinlickeit, desto dunkler ist der Balken eingefärbt.

Schließlich hat der Nutzer die Möglichkeit durch anklicken des Songtitels oder des Interpreten in der Ergebnisliste mehr über diese zu erfahren. So kann er entweder Informationen zu Sänger und Titel einholen, sich probeweise den Titel anhören oder mehr über Möglichkeiten eines Kaufs erfahren.

Im Anschluss soll nun das QbH-System auf www.musicline.de evaluiert werden. Kriterien sind dabei die Benutzerfreundlichkeit und die Trefferwahrscheinlichkeit.

3.5 Evaluation des QbH-Systems auf Musicline.de

Um eine Evaluation des QbH-Systems auf Musicline.de durchzuführen wurde im Rahmen der vorliegenden Arbeit eine Umfrage durchgeführt. Da die Grundgesamtheit der befragten Personen sehr gering ist, kann nicht von einer Allgemeingültigkeit der Testergebnisse ausgegangen werden. Allerdings ist es somit möglich Ansatzpunkte für Verbesserungspotentiale herauszustellen.

3.5.1 Ziel der Umfrage

Ziel der Umfrage ist es, unter Zuhilfenahme eines standardisierten Fragebogens Rückschlüsse auf die Benutzerfreundlichkeit, sowie die Trefferwahrscheinlichkeit des vorliegenden QbH-Systems auf www.musicline.de zu erhalten. Anschließend sollen hieraus abgeleitet mögliche zukünftige Verbesserungspotentiale aufgezeigt werden.

3.5.2 Zugrunde liegende Kriterien

Die zu testenden Musikstücke wurden nach dem Zufallsprinzip erwählt. Einzige Kriterien hierbei waren ein subjektiv hoher Bekanntheitsgrad des Interpreten bzw. des Titels sowie ein Veröffentlichungsdatum vor 2003. Begründet werden kann dies durch die Tatsache dass das Grundgerüst der Datenbank im Jahre 2003 bereits aus 3000 Titeln bestand. Beachtet man dabei die in Kapitel 3.3 gemachten Angaben zur heutigen Größe der Melodiedatenbank, so sind in den letzten Jahren lediglich 500 Titel hinzugekommen. Folgende Liste stellt dabei die zu summenden Titel überblicksweise dar.

Als Probanden wurden Personen zwischen 15 und 25 Jahren in Betracht gezogen, da deren Musikgeschmack hauptsächlich in den Bereichen Rock/Pop liegt. Dies ist insofern von Bedeutung, als dass die Melodiedatenbank welche dem QbH-System von Musicline zu Grunde liegt wie in Kapitel 3.3. beschrieben vor allem Titel aus den Genres Rock, Pop und Klassik enthält.

Der Fragebogen wurde in einer standardisierten Form erstellt und ist in vier Abschnitte gegliedert. Der erste Teilbereich dient der Erfassung der allgemeinen Angaben zu den Testprobanden. Hier werden v.a. Informationen zu Geschlecht, Alter, Lebenssituation und Kaufverhalten erfragt.

Im Rahmen des zweiten Teilbereichs wird der Tester dazu aufgefordert Angaben zur Benutzeroberfläche, dem im Kapitel 3.4 beschriebenen Graphical User Interface zu machen. Dabei wird vor allem auf Fragen, welche das Design sowie die Benutzerfreundlichkeit betreffen abgestellt.

Anschließend werden die Teilnehmer mit Fragen zum Query by Humming Prozess konfrontiert. Der Fokus liegt hierbei auf Eingabe und Retrieval. So soll beispielsweise recherchiert werden, wie viel Zeit die Probanden auf die Eingabe der gesuchten Melodie verwenden. Zudem soll eruiert werden, in welchem Ausmaße Treffer unter Verwendung der zehn beispielhaft gewählten Titel im vorliegenden QbH-System auf www.musicline.de generiert werden.

In einem letzten Schritt wird der Proband gebeten, Fragen zur Gesamteinschätzung des Systems abzugeben.

Eine Darstellung des Fragebogens liegt der vorliegenden Arbeit im Anhang bei (Anhang 1)

Im Folgenden sollen nun die Ergebnisse der Umfrage erläutert werden.

3.5.3 Ergebnisse der Umfrage

Nachfolgende Ausführungen sind in Anlehnung an die im Anhang 2 ausgewiesenen quantifizierten Befragungsergebnisse.

An der Umfrage nahmen insgesamt 20 Personen im Alter zwischen 15 und 25 Jahren teil, von denen die Mehrheit bislang kein professionelles Gesangstraining absolviert hat. Dies ist insofern von Bedeutung als dass QbH- Systeme vor allem an „Musik-Laien" gerichtet sind.

Ebenso hat die Mehrheit bereits Musik im Internet geladen und es kann somit davon ausgegangen werden, dass diese Nutzer mit dem Internet vertraut sind und auch keine Scheu vor der Nutzung eines Internet basierenden MIR Systems haben.

Die Benutzeroberfläche befindet die Mehrheit der Befragten als einfach und übersichtlich zu bedienen und graphisch zufrieden stellend aufgebaut.

Kritik an der Benutzeroberfläche wird dabei vor allem die folgenden Bereiche betreffend geäusert. Ein Teil der Befragten beklagt, die fehlende Anzeige der gesungenen Noten. Ebenso besteht der Wunsch, dass die in der Ergebnisliste in Form eines Balkens dargestellte Trefferwahrscheinlichkeit näher quantifiziert werden sollte.

Je länger die eingespielte Melodiesequenz ist, desto länger ist die transkribierte Melody Contour. Dies führt dazu, dass im Rahmen der in Kapitel 2 und 3 beschriebenen Ähnlichkeitsanalyse auf längere Strings zurückgegriffen werden kann, was theoretischer Weise zu einer höheren Trefferwahrscheinlichkeit führen könnte, da eine größere Vergleichsbasis besteht. Die Mehrzahl der befragten Personen nutzt die maximale Eingabezeit von 30 Sekunden fast vollständig aus und so liegt die durchschnittliche Eingabezeit bei 24,3 Sekunden.

Eine höhere Eingabezeit war hier allerdings aufgrund der ausgewählten Titel zu erwarten, da hierbei bewusst Lieder und Interpreten gewählt wurden, die von einer subjektiven Sichtweise aus betrachtet der Mehrzahl der Testpersonen bekannt sein müssten, was durch die Probanden im Fragebogen mehrheitlich bestätigt wurde.

Die Trefferquote in der Ergebnisliste lag im vorliegenden Test im Durchschnitt bei 55,5%. Allerdings ist dieser Wert missverständlich, denn bei sechs Titeln kann eine Trefferwahrscheinlichkeit von weit mehr als 55% ausgewiesen werden. Lediglich einzelne Lieder wie „Metallica- Nothing Else Matters" und „Elton John- Candle in the Wind" erzielten Trefferquoten zwischen 5-10%. Wahrscheinlich ist allerdings, dass die Probanden hier zwar den Titel kennen, sich allerdings wie im Abschnitt 3.2. erwähnt nicht an die exakte Melodieabfolge erinnern. Ebenso muss beachtet werden, dass die Mehrheit der Tester weiblich ist und der Titel „Metallica- Nothing Else Matters" vor allem Noten in der tiefer Tonlage enthält, welche von Frauen häufig schwerer zu imitieren sind.

Kritik wurde im Rahmen der Eingabe und des Retrieval vor allem an der Ergebnisliste geäußert. So wünschte eine Mehrzahl der Probanden die Möglichkeit, den Titel direkt in der Ergebnisliste Probe hören zu können um so die Richtigkeit des Suchergebnisses zu validieren.

Ebenso besteht der Wunsch direkt aus der Ergebnisliste die Möglichkeit zu haben auf Online Shops zugreifen zu können, die den Titel als Download Möglichkeit anbieten. Dies ist zurzeit auf der Plattform von Musicline noch nicht realisiert.

Abschließend ist zu erwähnen, dass die Mehrheit der Probanden bestätigt, dass ein QbH-System eine Kaufentscheidung erleichtert bzw. eine dies…-e erst möglich macht. Deshalb beurteilt die Mehrheit der befragten Personen QbH als ein nützliches Instrumentarium zur Informationssuche welches 15 von 20 Personen auch gerne in Zukunft zur Recherche verwenden wollen. Schließlich sei noch anzumerken, dass 16 von 20 Testern der Meinung sind, ein QbH-System kann Entscheidungsgrund für den Besuch eines Internetportals sein.

Im Folgenden sollen nun die in diesem Abschnitt gewonnenen Ergebnisse dazu verwandt werden, Verbesserungspotentiale für das unter Musicline verwendete QbH-System zu entwickeln.

3.5.4 Verbesserungspotentiale

Anhand der im vorigen Abschnitt gewonnenen Erkenntnisse können vor allem folgende Verbesserungspotentiale ausgewiesen werden.

Zum einen wäre es wünschenswert, direkt aus der Ergebnisliste heraus eine Hörprobe des angezeigten Treffers zu realisieren. So wäre es dem Nutzer möglich direkt nach Aufstellung der Ergebnisliste die dort gefilterten Daten zu verifizieren. Diese sollte durch den im Rahmen des hier verwendeten QbH-Systems keine Schwierigkeit darstellen, da alle Suchergebnisse mittels des MPEG-7 Standards mit weiteren Metadaten verbunden werden können.

Zudem besteht die Notwendigkeit der Erweiterung der Musikdatenbank um einen profitablen kommerziellen Einsatz zu gewährleisten. Da diese bis zum heutigen Zeitpunkt lediglich 3500 Lieder enthält, sieht sich der Nutzer häufig in der Situation, dass aktuelle Lieder zumeist nicht im System erfasst sind. Doch gerade diese werden häufig in Radiostationen gespielt und von Konsumenten angefragt.

Aufbauend hierauf sollte überlegt werden Partnerschaften mit Anbietern von digitalen Musikdateien einzugehen. Diese könnten in den Metadaten des jeweiligen Musiktitels hinterlegt werden und machen es dem Nutzer somit möglich direkt mit dem Kauf des Musikstücks fortzufahren. Sinnvoll wäre dies insbesondere deshalb, da die Mehrheit der Probanden angab, QbH- Systeme könnten die Kaufentscheidung erleichtern oder im Extremfall sogar erst entstehen lassen.

Des Weiteren wäre es sinnvoll das vorliegende QbH-System durch weitere MIR Systeme zu erweitern um so eine weitere Segmentierung der Suchergebnisse vornehmen zu können. Beispielsweise wurde in Kapitel 3.2 angeführt, dass ein Musikstück in mehreren Versionen vorliegen kann. Denkbar ist dabei auch, dass es sich dabei um unterschiedliche Genres handeln kann. Eine Spezifikation wäre somit sinnvoll um die Dauer der Informationssuche zu verkürzen

4 Fazit

Ziel dieser Arbeit war es die Sinnhaftigkeit von Query-by-Humming Systemen zu erörtern.

Hierzu wurden in Kapitel 2 grundlegende Strukturen und Verfahrensweisen in QbH-Systemen erörtert. So wurde festgestellt, dass trotz fehlender verallgemeinerbarer Algorithmen die Grundstruktur eins QbH-Systems dargestellt werden kann. Anschließend wurde auf mögliche Anwendungsgebiete näher einzugehen. Bereits hier wurde ersichtlich, welche enormen Möglichkeiten es beim Einsatz von QbH- Systemen gibt.

Im Rahmen des in Kapitel 3 vorgestellten QbH-Systems auf www.musicline.de konnte die Komplexität eines solchen Systems verdeutlicht werden. Doch erst durch die im Folgenden durchgeführte Evaluation des beschriebenen Systems anhand einer durchgeführten Befragung konnte verdeutlicht werden welcher Nutzen durch ein QbH-System für den Anbieter als auch für den Konsumenten entsteht.

So ist es durchaus denkbar, dass durch ein zunehmendes Volumen an multimedialen Daten QbH Systeme für Konsumenten auf der Suche nach Information immer wichtiger werden. Aber auch für Internetplattformen welche diese Art der Informationssuche unterstützen kann ein Wettbewerbsvorteil im wachsenden Markt der „Musik Dateien Anbieter" entstehen. Denn wie auch in der durchgeführten Umfrage bestätigt wurde, Konsumenten würdigen die Entscheidung für ein solches System durch gesteigerten Besuch des Portals.

Ein weiteres Zukunftsszenario wäre die Verankerung eines solchen Systems in Suchmaschinen wie Google, die bislang nur im Bereich der Volltextsuche in Textdokumenten aktiv sind.

Wie auch immer die Zukunft aussehen wird, es führt kein Weg daran vorbei zunehmend auch multimediale Daten beim Design von Suchdiensten zu berücksichtigen. Inhaltsbasierte Systeme werden dabei immer wichtiger werden.

Dann heißt es vielleicht auch bald- Query by Humming liegt im Trend! Denn wie Gustav Mahler schon sagte „Das beste in der Musik steht nicht in den Noten" (www.zitate.net)

Literaturverzeichnis

Batke, J-M. (2006): Untersuchung von Melodiesuchsystemen sowie von Verfahren zu Ihrer Funktionsprüfung, 1. Aufl., Göttingen

Batke, Jan-Mark; Eisenberg, G.; Weishaupt, P.; Sikora, T. (2004): A Query by Humming system using MPEG-7 Descriptors, in: Proc. of the 116th AES Convention, Berlin

Birmingham, W.; Dannenberg, R.; Pardo, B. (2006): Query by Humming with the Vocalsearch System, Vol. 49, No. 8, pp. 49-52, elektronisch veröffentlicht in: EBSCOhost, (Zugriff: 30.04.2007)

Eidenberger, H. (2003): Query by Humming- Mediadaten beschreiben mit MPEG-7, in: iX, Nr.6, S. 110-113

Fittkau & Maaß Consulting (2004): Pressemitteilung zur W3B-Studie Musik & Internet, http://www.fittkaumaass.com/download/W3B19_Musik.pdf (Zugriff: 02.06.2007)

Fraunhofer Institut (o.J.): Query by Humming- Melodieerkennungssystem, http://www.idmt.fraunhofer.de/de/presse_medien/download/produktinformation/qbh_de_web.pdf (Zugriff: 15:04.2007)

Futrelle, J.; Downie, J.S. (2003): Interdisciplinary Research Issues in Music Information Retrieval: ISMIR 2000- 2002, in: Journal of New Music Research, Vol.32, No. 2, pp. 121-131

Ghias, A.; Logan, J.; Chamberlin, D.; Smith, B. C. (1995): Query by Humming - Musical Information Retrieval in an Audio Database, in: Proc. of ACM Multimedia 95, pp.231-236

Heinz, T. (2006): Ein physiologisch gehörgerechtes Verfahren zur automatisierten Melodietranskription, Ilmenau

Kramer, A. (2004): Erkennen sie die Melodie- Audio-Retrieval: Was Rechner von Musik verstehen, in: c't, Nr.7, S. 178-181

Musicline.de (o.J.): Melodiesuche, http://www.musicline.de/de/melodiesuche/input (Zugriff: 30.04.2007)

Niesing, B. (2003): Summende Musiksuche, in: Fraunhofer Magazin, 3.Jg., Nr.4, S. 16-17

o.V. (o.J.): Music Information Retrieval, http://www.dfki.de/web/forschung/km/kompetenz/forschung/music-information-retrieval/view?searchterm=MIR (Zugriff: 15.15.2007)

o.V. (o.J.): O2 Music- Spy& Buy, http://www.o2online.de/nw/active/music/spy/index.html (Zugriff: 06.06.2007) o.V. (o.J.): QbH System, http://www.itwissen.info/definition/lexikon//_qbhqbh_qbhquery%20by%20hummingqb h_qbhqbh-system.html (Zugriff: 15.05.2007)

Pauws, S. (2002): CubyHum: A Fully Operational Query by Humming System, in: Proceedings oft the Third International Conference on Music Information Retrieval: ISMIR 2002, Paris

Schmitt, I. (2006): Ähnlichkeitssuche in Multimedia- Datenbanken- Retrieval, Suchalgorithmen und Anfragebehandlung, München

Sorsa, T.; Halonen, K. (2002): Mobile Melody Recognition System with Voice-Only User Interface, in: Proceedings of the Third International Conference on Music Information Retrieval: ISMIR 2002, Paris

Typke, R.; Wiering, F.; Veltkamp, R.C. (2005): A Survey of Music Information Retrieval Systems, in: Proceedings of the Sixth International Conference on Music Information Retrieval (ISMIR), pp. 153-160

Anhangverzeichnis

Anhang 1: Standardisierter für Umfrage in Kapitel 3 verwendeter Fragenbogen

Fragebogen
Hauptseminar: Informationsmanagement
-Query by Humming-

---

1. Allgemeine Informationen

		männlich	weiblich
01.	Geschlecht:	☐	☐

		Jahre
02.	Alter:	

		Ja	Nein
03.	Haben Sie bereits ein professionelles Gesangstraining absolviert?	☐	☐
04.	Laden Sie Musik Dateien im Internet?	☐	☐

2 Benutzeroberfläche

		Zustimmung		Ablehnung	
05.	Bitte geben Sie im Folgenden Ihre Zustimmung oder Ablehnung an	+2	+1	-1	-2
a)	Der Aufbau der Eingabemaske sagt mir graphisch zu	☐	☐	☐	☐
b)	Die Bedienung der Eingabemaske gestaltet sich übersichtlich	☐	☐	☐	☐
c)	Die Darstellung der Ergebnisliste hat mir zugesagt.	☐	☐	☐	☐

		Ja	Nein	Wenn ja, welche?
06.	Würden Sie sich Änderungen an der Benutzeroberfläche wünschen? Wenn ja welche?	☐	☐	_____

3. Eingabe und Retrieval

		Sekunden
07.	Wie viele Sekunden der verfügbaren Maximalzeit nutzen Sie im Durchschnitt für Ihre Eingabe	_____

		Song in Ergebnisliste	Wenn ja an welcher Stelle	Kenntnis des Titels	
08.	Wurde der gesummte Song in der Ergebnisliste dargestellt? Wenn ja, an welcher Stelle? Kannten Sie den Titel bereits?				
a)	Beatles- Yellow Submarine	Ja:☐ Nein:☐		Ja:☐	Nein:☐
b)	Toten Hosen- Alles aus Liebe	Ja:☐ Nein:☐	_____	Ja:☐	Nein:☐
c)	Wencke-Myhre- Er hat ein Knallrotes Gummiboot	Ja:☐ Nein:☐	_____	Ja:☐	Nein:☐
d)	Elton John- Your Song	Ja:☐ Nein:☐	_____	Ja:☐	Nein:☐
e)	Survivor- Eye of the Tiger	Ja:☐ Nein:☐	_____	Ja:☐	Nein:☐
f)	Marc Antoine Charpentier- Eurovisionshymne	Ja:☐ Nein:☐	_____	Ja:☐	Nein:☐
g)	Alpenrammler- Lieschen Lieschen	Ja:☐ Nein:☐	_____	Ja:☐	Nein:☐
h)	Jürgen Drews- Ein Bett im Kornfeld	Ja:☐ Nein:☐	_____	Ja:☐	Nein:☐
i)	Metallica- Nothing Else Matters	Ja:☐ Nein:☐	_____	Ja:☐	Nein:☐
j)	Elton John- Candle in the Wind	Ja:☐ Nein:☐	_____	Ja:☐	Nein:☐

1/2

Fragebogen
Hauptseminar: Informationsmanagement
-Query by Humming-

09. Haben Sie Verbesserungsvorschläge für Eingabe und Retrieval

Bitte geben Sie diese in folgendem Abschnitt ein:

_____
_____
_____
_____
_____

4. Abschließende Fragen

10. Bitte geben Sie im Folgenden Ihre Zustimmung oder Ablehnung an:

Ein QbH System…

	Zustimmung		Ablehnung	
	+2	+1	-1	-2
a) …kann mir eine Kaufentscheidung erleichtern	☐	☐	☐	☐
b) …ist zur Informationssuche sehr nützlich	☐	☐	☐	☐
c) … wäre Entscheidungsgrund das jeweilige Internetportal öfters zu besuchen	☐	☐	☐	☐

	Ja	Nein
11. Besteht Interesse Ihrerseits auch zukünftig ein QbH System zur Informationssuche zu verwenden?	☐	☐

2/2

VIII

Anhang 2: Übersicht der Befragungsergebnisse

Frage 1				
	✕	männlich	weiblich	gesamt
	Geschlecht:	5	15	20

Frage 2						
	✕	15	20	22	23	25
	Alter:	2	2	3	10	3

Frage 3	✕	JA	NEIN
	Gesangsunterricht	1	19

Frage 4	✕	JA	NEIN
	Musikdateien Internet	18	2

Frage 5	✕	+2	1	-1	-2
	a)	2	13	3	2
	b)	18	1	1	0
	c)	9	8	2	1

Frage 6	✕	JA	NEIN	Zusammenfassung der Aussagen
	Änderungen	9	11	Genaue Anzeige der gesungenen Noten zum Schluss
				Trefferwahrscheinlichkeit in Ergebnisdarstellung genauer angeben
				Möglichkeit zur manuellen Korrektur
				Mehrere Funktionen
				Möglichkeit den Titel direkt in der Ergebnisliste Probe zu hören
				Link zur Weiterleitung auf mögliche Downloadportale
				Erweitertes Funktionsfeld

Frage 7		Durchschnitt
	Sekunden	24,3

Frage 8		Anzeige		Platz 1-3	Platz 4-6	Platz 7-10	Kenntnisse	
		JA	NEIN				JA	NEIN
	a)	17	3	14	2	1	20	
	b)	11	9	3	5	3	20	
	c)	19	1	19	0	0	20	
	d)	5	15	2	3	0	15	
	e)	8	12	3	3	2	12	
	f)	18	2	17	0	1	20	
	g)	14	6	2	11	1	20	
	h)	16	4	3	8	5	20	
	i)	1	19	0	0	1	16	
	j)	2	18	0	2	0	19	

Frage 9	
	Auflistung der genannten Verbesserungsvorschläge
	Nennen einer festen Eingabezeit
	Möglichkeit Songs in der Ergebnisliste Probe zu hören
	Direkte Verlinkung zu einer Kaufmöglichkeit
	Darstellung der eingegebenen Melodie

Frage 10		+2	1	-1	-2
	a)	18	1	1	0
	b)	16	3	1	0
	c)	13	4	1	2

Frage 11		JA	NEIN
	Interesse	15	5